DANIEL BUINAC

Lutanja

Globland Books
2014.

Izdavač: Globland Books

ISBN 978-0-9930386-1-7

Copyright 2014 Daniel Buinac

Sadržaj

Svetlost ispod vrata

Stvaranje 6
Bez razumevanja 7
Vrata 8
Još jedna noć 9
Susret 10
Samo kao odgovor... ništa više 11
Bebe lahora 12
I ti meni 13

Uskoro je tako daleko

(taj naš vetar) 18
Sećanje na izložbu 19
Fragmenti praznine 20
Nestajanja 21
Iščekivanje 22
Početak i kraj 23
Na dohvat očiju 24
Rešenje 25
(kroz tvoj otvoren prozor) 26
(znam da si ušla) 27
(tišina ima zelenu utrobu) 28
(hajde da sagradimo kuću) 29
(naći ćemo školjku za sebe) 30
(i ne samo to) 31
(sutra ćemo isušiti reku) 32
(noć između mog i tvog tela) 33
(panično skupljaš zavese) 34
(i dok gledaš negde daleko kroz mene) 35

U vetrovima miris kuće

Nije te dugo bilo 38
Čovek bez naslova 39
Na dnu galerije 40
Opevanje saveta koji nije izazvao efekat 41
Možda je to samo priča 42
Nisam sam 43
Danas pravim ulicu 44
U struji 45
Dok čekam 46
Kada Apdajk jede jabuku 47
Bol 48
Prisustvo 49
Gubljenje obrisa 50
Sledi pogled 51
Londonske cevi 52
Nekada 53
Nisam tu 54
Ali šta zaista uraditi 55
(ja samo pravim neke lađe) 56
(u raznim sam pričama) 57
(kudikamo će biti jednostavnije) 58

Svetlost ispod vrata

Stvaranje

kao tuđim očima gledam kako
drhteći od dodira svih i svačijih noktiju u ovoj noći
zubima ostavlja beskonačan trag
na mojim nikad započetim stihovima
ne dajući mi pritom nimalo povoda
da se prekriven mrakom hotelskog jutra
zbog vređanja mog nameravanog stvaranja bunim
jer ti bedni stihovi
bez njenih ugriza
ni kao namera ne bi postojali

dok smo bili na Kubi napravio sam kostur
posle smo vajali tkivo do prerano navijenog sata
par sati vožnje koji će nas razdvajati
došlo je odmah zatim

Bez razumevanja

sa kaputom nemarno navučenim
na sve trenutke neprospavane noći
i sa podignutim treznim okovratnikom od jutarnje
magle
na stanici podzemne železnice
na podu nepoznate sobe
u sazvežđu iza Irske i Australije
pored Temze
pratim kako
gaseći gutljajima vode misli na zajedničke
porcije tek procvetalog ludila
sa nejasnom setom, ali odlučno
iskoračuje možda zauvek
iz mog čistog , naivnog i nestvarnog vagona
u smog svakodnevnice
noseći me poput herbarijuma iz detinjstva
u uglu nekog potpuno novog osmeha
koji će drugi primećivati
sa oduševljenjem, čuđenjem ili zavišću
i bez razumevanja

Vrata

na čijim ćeš se teškim vratima
pognute glave u poluiskoraku ka tami hodnika
zadržati sekund duže čekajući
odgovor na nesigurnim prstom pritisnuto zvono
i sa skromnim koferom više u ruci nego na podu
sećajući se da sam baš tako i ja
koji sam sada daleko
ali uvek tu u uglu tvoga oka
pre nekoliko godina
isti sekund doživeo pred tvojim vratima
kada sam
iako providan kao tvoja spavaćica koja je
zaslepila hodnik do zagušljivog lifta
bio dočekan osmehom utehe
i danima strpljivog razumevanja

koje sam tako lako propustio
kroz lažljive prste

da li će se otvoriti
pre nego što pobegne suza i nestaneš

da li ću se oproštajem sudbine
iza njih i na vreme
naći ja

Još jedna noć

još jednu sam noć
sa poznatim stolovima i nepoznatim ljudima
do zore
pažljivo skupljao hrabrost
da bojama dana operem
godinama od stvarnosti isprljane oči
i ugledam te čarobnu
u masi Pikadilija
na klupi Stenli parka
ispred katedrale Metropolitan
kako se razdragano osmehuješ
čekajući da ti priđem
i dodirnem te

dok ustajem
ustreptalo mi srce šakama gužva vreme
valja se poći kući

Susret

iskorakom iz lažljive jeseni
moje višedomske, potočne i perjane svakodnevnice,
krišom izgovarane usputnim vlažnim zidovima
i ispuštane u kutije prosjaka,
naiđoh na borove šume plavokosu zaravan
sa hladnim izvorom.
i od tada pijem tvoj drhtav glas
što nosi
lađe iz Lisabona pune tople svetlosti,
setne muzike, dubina preplovljenih slika
i mirisa negovanih reči,
što nosi
blage dodire sutona i nemir.
dok se tvoji osmesi zauvek poigravaju
mojim otkucajima,
brojim kapi prve zajedničke kiše.

Samo kao odgovor... ništa više...

istina o veličini
u avgustovskoj noći punoj drhtaja
otrgnutog dugmeta
(rekla si da je maleno)
postaje jasna onog trenutka
kada ga prišivenog za srce
mislima o mojim rukama
na tvojoj haljini
pokušaš vratiti na njegovo mesto

nesrazmer sa namenjenim
mu otvorom
učiniće da se iznenađena upitaš
gde sam
i zašto nisam kraj tebe

Bebe lahora

mostovi preko kojih se
ni vetrovi ne usuđuju
da pređu

sada su deo
jutarnjim vinom umivenog
potkrovlja, nameštenog stola
i tople posteljine

u kojima između njihovih
slabih stubova protiču
bujice stihova, pogleda i dodira
igrajući se samim postojanjem
građevina koje ih sve umornije
opkoračuju

ipak
neki vetrovi vole
baš takve mostove

I ti meni

i tvoj pozdrav kad si izašla iz autobusa
i tvoje "i?"
oči
i piškenje u orlu, topla čokolada
i kukuruz na pici
i skretanje sa autoputa zbog piva
tvoji poljupci u vožnji
dodavanje limenke jedno drugom
tvoja čudnovata aura dok se izuvena vrtiš i
skakućeš po sedištu
moj i mir i nemir srca koji se smenjuju sa
otkucajima
nikad milija dosadna ravnica
nebo koje ne uspevam da sagledam zbog rupa na
putu
ti, ti, ti, ti

sedenje na radijatoru hotelske sobe
poljupci, svaki drugačiji, kao deca kad prave
balone od pene
tela
drhtaji, uvek ti drhtaji od kojih mi stomak sad
reaguje
kao godinama na vekiju posle najgoreg pijanstva,
samo lepše, lepše
jutarnje ćao jedno drugom
osmeh

gle, gledamo se u oči
vodimo ljubav
ogromni smo

pa šetnja po ulicama, malim, čistim, toplim
da, secesiju si mi objašnjavala
vidiš, linije na stubovima
pa vino, neki orli smuđ, divni, u sibirskoj kolibi

pravimo mrak na televizoru
tiho hihotanje
razbacana ćebad
pre toga traženje piva po celom gradu
pa ljudi, znate li vi šta je limenka
kaucija na kraju, nema veze
grickamo soju u krevetu, kao da su za nas izabrali
muziku
možda će zauvek ostati naša
svenamenski broj devet na hotelskom telefonu
samo šest devet tri za upravnika
želja da se čita poezija, da se čudi priči
pobeđuješ me u igri ko će koga brže skinuti
kako si meka
vodim te do jutra

tamo čistimo srebrnog letača
kako ga samo čistimo
gazimo sneg, suv je kao prašina
hodaš unatraške i smeješ se
veje

na putu čarolija
vetar izgovara bajku goneći
sneg da klizi asfaltom kao reka, brzak, drina
gledamo se - ne ovo nije moguće
ovo je samo zbog nas
sve je samo zbog nas
i mi smo samo zbog nas

ljubimo se na stanici
ne, ne rastajemo se iako neko odlazi, a neko ostaje
smejemo se, suze u grlu
slatke kao pekmez od višanja koji smo doručkovali
i ti meni
i ti meni

Uskoro je tako daleko

***

taj naš vetar
išiban granama vrbe
izmučen, preplašen
zvukovima koje sam stvara

ta haljina
od pre nekoliko trenutaka
bez dugmeta
skrivenog u travi ispod klupe

ta tvoja vrteška
i zapenjena usta konja
na oblaku iznad nas

Sećanje na izložbu

dok me udaljavanje prepoznavalo
brisanjem detalja,
zaboravom
i nemogućnošću dodira,
žene bez bradavica
pod zamirućim svetlom osušenih boja
što pravi bore
plakale su,
uokvirene i nepomično
verne platnu,
tuđim suzama stranca
koji sam bio

Fragmenti praznine

kad ustanem pre sna
snen od dugog putovanja
gorak
gledajući,
prljav
prazan
i sit,
da se objasnim
pre umivanja

da go legnem na postavljen sto
da nahranim
da trgnem
probudim
da zgadim
začudim
nasmejem
uplašim

da ćutim
da ćutim
da ćutim

da me nežno obuku i odvedu
neke tople oči

Nestajanja

neupražnjen ples
plazi se senkama sa zida najvišeg totema
dok se ponoćne oči
privikavaju na toplu
boju sukrvice što se
razliva iz središta vatre.

negde mnogo dalje
u nečijim rukama
zamirisa nagoveštaj
pri pokretu ka kormilu.
pod nečijim će rukama
plug zaorati more...

šaman zadnji put priča narodu
pre nego što zbaci sve sa sebe
i zapliva ka brazdi među zvezdama.

pipam posteljinu
i znam
da ni ti nisi više tu.

Iščekivanje

pa kad poželiš
da drhtavim prstima,
obuzeta nevericom i zanosom,
dodirneš pahuljast, beo sloj vremena
na suštastveno crnom laku
našeg klavira

prisećajući se
svojom složenom lepotom zastrašujućih
melodija
koje smo ranjivo čulnim telima
na njemu tako lako
komponovali

znaj
da te on čeka
uporno
u mojim očima

Početak i kraj

reka osluškuje vetar.
plutajuće ptice ju čine odviše pitomom
i samo je iznenadni oblaci mogu spasiti
od smrti
u tek rođenoj suzi tvoga oka.

Na dohvat očiju

odabrane knjige u kesi na podu
spremne da me slede kada pođem.

civilizacija obešena o radijatorsku cev
(odela i kravate, pripremljen kaput)
uvek na dohvat očiju, nikad u njima.

u njima obrisi neke obične šišarke,
usput pokupljene.

vetar traži pukotinu u glatkoj ravni prozora.
neuramljena fotografija krošnje.
ne razaznajem jasno listove,
ali mi lako pune stomak.

razmeštam reči po papiru.
mirim se prazno sa navikom nepričanja.

Rešenje

savladaću namere
zaturiti ideje
izgaziti odluke
razlupati planove
zaglušiti savete
prekinuti razmišljanja
okrenuti se od očiglednog
preći preko normalnog
udaljiti se od očekivanog
izbrisati nedoumice
izbaciti strahove
izdati grč
iseći navike
spaliti strasti

ostaću samo da zaustavljenog daha
titram

***

kroz tvoj otvoren prozor
u Moskvi
na moja raširena platna
u praznoj londonskoj sobi
pao je
jutarnji sneg,
kap mleka
i mrvice hleba
od doručka

čekaću jos neko vreme
miris posteljine

***

znam da si ušla.
ne pomeram se.
ne dišem.

sporo
pažljivo
obilaziš meni najudaljenije uglove
tebi uvek i iznova
nedovoljno poznatog prostora oko mene.

osećam
brojim otkucajima
tvoje strpljenje.
tvoj nevin ritual izazivanja treme.

čula na grnčarskom točku
tišina
dah na koži
vrtlog

pa stepa, stepa, stepa
pa zvezde

***

tišina ima zelenu utrobu
i na njoj spore oči bez zenica

šta ostaje kada naučiš tišinu?

ne idi,
kiša će,
zar ne čuješ?

***

hajde da sagradimo kuću
sa zidovima od obojenih oblutaka
neke reke iz detinjstva,
sa prozorima na Gibraltaru
i snegom Sibira na krovu

hajde da sagradimo kuću
sa tepisima od stihova
i lusterima od sitnih, svetlucavih
slika što zvone na dodir običnog daha

hajde da ugradimo u kuću
sva naša šaputanja
i poglede,
sva putovanja do Neptuna,
svu neopipljivu grnčariju izvajanu
isprepletenim rukama,
sve pobegle, nasmejane misli,
so, vino,
ikonu i tamjan

hajde da sagradimo kuću
kuće radi,
uzmemo se za ruke
i odemo
osvrćući se povremeno
sa setom

***

naći ćemo školjku za sebe

odbačenu, praznu,
sa borama od ljudskih ruku,
strpljivu u svojoj tišini

opraćemo ju bistrim, toplim
pokretima reči,
udahnuti joj šum zaliva
i izgubiti se u njenoj dubini

sa prvim snažnijim talasom
biće nam dobra

***

i ne samo to
ponekad su šuplje
i ne mirišu uopšte
tamo gde završava put
nestaju zaboravljene
u tami nečijeg džepa

zašto ih zoveš zvezdama?

***

sutra ćemo isušiti reku

sve glave pognute
svi dlanovi skriveni
ne gledamo se

kad dođem kući
uzeću kist
i do sutra slikati
ne dotičući platno

u blatu korita
zvezde

***

noć između mog i tvog tela

neposlušan uzdah je munja
što proseca daljinu

***

panično skupljaš zastore
ni da proviriš

vidim ti grč vena na rukama
vidim ti inje od znoja na koži
vidim ti drhtaj usne
vidim ti nemiran dah
vidim ti kapke-stražare
što ziđu bedem željnim očima

vidim ti gole misli

***

i dok gledaš negde daleko kroz mene
niz naša orošena stakla krenuće kap

U vetrovima miris kuće

Nije te dugo bilo

i pre nego što se nasmejem,
ostajem zbunjen zavesama
koje najzad plaze po podu

Čovek bez naslova

plaća piće ženi debelih obrva
u dnu mog novog vagon restorana
nije važno za prosuti pepeo
za zgužvanu kravatu
pod stolom naprslu čašu
i otmene goste sa pogledima
nije važno što
plaća piće mojoj ženi
ni što ga nije odbila
nije važno za ruke
i što se smeje preglasno
nije važan ni naslov
jer da je važan meni bio bi i njoj
svakako je ipak nedopustivo
izaći iz kuće (moje kuće)
neuređenih obrva
(mis Tiberi nije imala slobodan dan)

Na dnu galerije

čekam zvukove
dok me preplašenih lica
tresu za ramena

Opevanje saveta koji nije izazvao efekat

Kad krotiš veliku reku
paziš na dve stvari;
svoju glavu i njeno dostojanstvo

Danas smo jeli Dnevnik

Možda je to samo priča

kaže mi prijatelj
pa na završenu sliku baci boju

Nisam sam

imam noć na iglama
proleće na oznojenim dlanovima
sa trulim lišćem još od jesenas
pod maskom prašine mesečinu
i zatvorena vrata

Danas pravim ulicu

danas pravim ulicu
pola sata hoda otprilike
smestiću ju
u severnu Italiju
negde između Merana i Tirana
probaću sve ručno
možda čak prokopam neki tunel
zgrade me malo muče
ali imam drugaricu - završila arhitekturu
ona jako lepo piše

U struji

duboko ispod površine
među nemirnim travama
i očima riba
moje uspomene kao izgubljeno sidro

Dok čekam

dok čekam
ništa drugo i ne radim

Kada Apdajk jede jabuku

kada Apdajk jede jabuku
čini to krajnje temeljito
sladeći se na kraju jednako
košticama i peteljkom
kao i svim prethodnim

ravnodušno jednako

borim se protiv svih
nadolazećih praznina

primećujete li?

Bol

tako ga ponekad vidim
sa one iste terase
kako niče na horizontu

Prisustvo

ne, naprotiv

na izlasku iz stanice
prozori autobusa postaju
ogledala
čiji nas odbljesci bolno oslepljuju
kroz sećanja

Gubljenje obrisa

kada me ugledaš
ugazi u moj pogled
bučno i duboko

pitah li te - znaš li
da ovde jedu oči?

čini mi se da te zaista trebam
dok se vraćam sa punih ulica
pokraden sam
odsutan

Sledi pogled

slikam običnim rečima
dodir ruku
na putu
ka jabuci paloj sa stola

Londonske cevi

tek kada smo završili
sa kopanjem
shvatih
da smo krivi
što će se neki vetrovi roditi
odživeti svoje i umreti
ne izašavši nikad
iz utrobe zemlje

Nekada

popodne bi se provodilo za stolom.
plamen sveće prati tok razgovora,
a škripa poda donosi miris
kuvane rakije
i kolača.

Nisam tu

nisam tu.
bar ne još neko vreme.
neko duže vreme.
neko vreme između ili pre.
nikako posle.

Ali šta zaista uraditi

nije dovoljno gledati niz ulicu.
ne menjati izraz lica
dok ti pričaju.
ne odgovarati dok menjaju
izraz lica.
dok odlaze.
odmahuju rukom.
zaboravljaju.

***

ja samo pravim neke lađe
i u njima čuvam svoje reke
od mora

***

u raznim sam pričama
mnogo lošeg papira
miris olova
komadi prašine
vetar razbacuje reči
prsti im menjaju smisao

samo račun ostaje isti

***

kudikamo će biti jednostavnije
vratiti se istim putem nazad,
pomislih dok gledam mesec
kako luta među zvezdama.

www.ingramcontent.com/pod-product-compliance
Lightning Source LLC
Chambersburg PA
CBHW032052290426
44110CB00012B/1053